Führungskraft für Aufsteiger

Wie Sie Ihr Team aufbauen, die Zusammenarbeit verbessern und Mitarbeiter gezielt fördern

inkl. praxisnaher Fallstudien zur Vertiefung

Matthias Leonhardt

❧ INHALT

Vorwort – das erwartet Sie in diesem Buch

Sie sind für eine Führungsposition ausgewählt worden – herzlichen Glückwunsch! Um Ihnen den Einstieg in Ihre neue Führungsrolle zu erleichtern, erhalten Sie in diesem Ratgeber einen Überblick über die verschiedenen Aufgaben einer Führungskraft. Außerdem bekommen Sie wertvolle Tipps und konkrete Handlungsempfehlungen an die Hand, die Ihnen in Ihrem Führungsalltag helfen können. Am Ende jeder Einheit finden Sie eine abschließende Praxisaufgabe, um die Inhalte nochmals zu verinnerlichen.

Zunächst erhalten Sie einen Einblick in die aktuellen Entwicklungen der Führungsarbeit, bevor Ihnen die wichtigsten Aufgaben, die Sie als Führungskraft erwarten, erläutert werden. Außerdem erfahren Sie, welche Erwartungen Mitarbeiter an Sie als Führungskraft haben.

Da die Kommunikation mit Ihren Mitarbeitern zu Ihrer täglichen Arbeit gehören wird, kommt diesem Kapitel eine besondere Bedeutung zu. Neben dem Kennenlernen der Grundlagen der Kommunikation erhalten Sie insbesondere zum Feedback geben und nehmen sowie zum aktiven Zuhören tiefergehende Informationen. Außerdem erhalten Sie einen Überblick, wann Sie welche Kommunikationsmedien einsetzen können.

Wie Sie Ihr Team aufbauen und die Zusammenarbeit verbessern können, erfahren Sie im Kapitel 4. Außerdem bekommen Sie in diesem Kapitel einen Einblick in die verschiedenen Persönlichkeitstypen und wie Sie diese entsprechend führen können. Der Umgang mit Low Performern und Konflikten wird ebenso erläutert.

Kapitel 5 beschäftigt sich mit dem Aufbau von Strukturen in Ihrer Abteilung. Wie können Sie also Prozesse festlegen, Aufgaben und Verantwortungen delegieren und am Ende die Arbeitsergebnisse der Mitarbeiter kontrollieren. Mitarbeiteranpassungen, wie das Einstellen oder die Trennung von Mitarbeitern, werden zudem thematisiert.

Im letzten Kapitel geht es um die Förderung und Entwicklung Ihrer Mitarbeiter. Sie lernen, wie Sie Mitarbeiter- und Zielvereinbarungsgespräche kompetent führen. Welche Maßnahmen Sie einsetzen können, um Ihre Mitarbeiter zu motivieren, erfahren Sie außerdem.

Abschließend wird Ihnen noch eine Fallstudie zur Verfügung gestellt, damit Sie die Inhalte des Buches vertiefen können, bevor die wesentlichen Erkenntnisse nochmals zusammengefasst dargestellt werden.

Aktuelle Entwicklungen

Zum Einstieg in das Thema werden aktuelle Entwicklungen und Herausforderungen, die sich Führungskräfte in der Zukunft immer mehr stellen müssen, zunächst vorgestellt.

Eine Studie der Bertelsmann-Stiftung aus dem Jahr 2020 mit ca. 1.000 Befragten zeigt, dass 70 % der befragten Führungskräfte an ihren Führungsqualitäten zweifeln und sie die Führung ihrer Mitarbeiter als belastend empfinden. Insbesondere die jüngeren Führungskräfte fühlen sich unsicher und zu wenig in der Ausübung ihrer Führungsaufgaben unterstützt. Dennoch zeigt die Studie, dass ein großer Anteil der befragten Führungskräfte motiviert führt und auch die Bestätigung von Seiten ihrer Mitarbeiter erhält.

Ein bemerkbarer Trend ist, dass aufgrund der zunehmenden Globalisierung mehr und mehr internationale Teams entstehen. Das Managen von Vielfalt der Mitarbeiter, die über Raum- und Zeitgrenzen hinweg arbeiten, gewinnt an Bedeutung. So spielt die interkulturelle Kompetenz sowie das Führen von virtuellen Teams eine immer größere Rolle, mit der sich die Führungskräfte auseinandersetzen müssen.

Die Vereinbarkeit von Beruf und Familie gewinnt ebenso an Bedeutung. Mitarbeiter fordern mehr Flexibilität hinsichtlich Arbeitszeiten, das heißt z.B. flexiblere Arbeitszeiten idealerweise ohne Kernzeit oder befristete Teilzeitbeschäftigungen, damit sie sich mehr um die Familie oder die Pflege von Angehörigen kümmern können. Auch bekunden immer mehr Männer Interesse, für längere Zeit in Elternzeit gehen zu wollen. Zudem möchten immer mehr Mitarbeiter die Möglichkeit nutzen, von zu Hause aus zu arbeiten. Die Führungskraft ist daher mehr und mehr gefordert, die Abteilung so zu strukturieren, dass die Aufgaben auch weiterhin erledigt werden können und trotzdem ein regelmäßiger Austausch zwischen Mitarbeitern und Führungskraft stattfinden kann.

Führungskräfte müssen außerdem aufgrund der zunehmenden Arbeitsüberlastung besonders darauf achten, dass gesundheitliche Probleme, wie Burnout-Fälle oder psychische Erkrankungen, in der Abteilung möglichst vermieden werden. Faktoren dafür sind die wachsende Verantwortung sowie ein immer größer werdendes Arbeitspensum. Überforderungen müssen von der Führungskraft frühzeitig erkannt werden, um rechtzeitig mit Gegenmaßnahmen, wie z.B. dem Setzen von Prioritäten oder dem Aufschieben von weniger wichtigen Aufgaben, entgegenzuwirken.

Insgesamt kann gesagt werden, dass die Anforderungen an eine Führungskraft mehr und mehr steigen und sich stetig verändern. Es wird demnach immer mehr von den Führungskräften erwartet. Es müssen neue Konzepte und Methoden zur Arbeitsplatz- und Arbeitszeitgestaltung entwickelt sowie z.B. aufgrund des Fachkräftemangels Aufgaben umstrukturiert oder auf ausländische Fachkräfte bzw. Quereinsteiger zurückgegriffen werden. Führungskräfte sind demnach gefordert, den Überblick zu behalten, um sowohl die Unternehmens- als auch die Abteilungsziele nicht aus den Augen zu verlieren.

Erwartungen an eine Führungskraft

Nachdem im vorangegangenen Kapitel aktuelle Entwicklungen und Trends der Führungskräftetätigkeit dargestellt wurden, werden im folgenden Kapitel die wesentlichen Aufgaben einer Führungskraft behandelt. Zudem wird ein Einblick gegeben, welche Erwartungen die Mitarbeiter an ihre Führungskräfte haben.

AUFGABEN EINER FÜHRUNGSKRAFT

Die Aufgaben einer Führungskraft sind vielfältig und stellen die Führungskräfte gerade am Anfang ihrer Tätigkeit vor viele neue Herausforderungen. Nachfolgend werden die wichtigsten Aufgaben einer Führungskraft, aufgeteilt in 6 Bereiche, näher beleuchtet.

Informationen bereitstellen und steuern

Führungskräfte sollten den Mitarbeitern alle notwendigen Informationen klar und rechtzeitig zur Verfügung stellen, die sie zur Erledigung der Aufgaben und der Projekte benötigen. Zudem sind die Mitarbeiter über die Ziele des Unternehmens und der Abteilung zu informieren. Die definierten Ziele sind gemeinsam mit den Mitarbeitern so zu planen, dass sie umgesetzt und erreicht werden können. Werden wichtige Unternehmensneuigkeiten, z.B. von Seiten der Geschäftsführung, bekannt gegeben, ist die Führungskraft angehalten, diese Informationen zeitnah an die Mitarbeiter weiterzuleiten.

Professionell kommunizieren

Die tägliche Kommunikation gehört zu den Hauptaufgaben einer Führungskraft. Dazu gehört, den Mitarbeitern Rückmeldung zu ihren Aufgaben und Verantwortungen zu geben sowie mit ihnen Mitarbeitergespräche aller Art zu führen. Dies können z.B. Mitarbeiterjahres- oder aber auch Konfliktgespräche sein. Mitarbeiter sollten auch von der Führungskraft ermutigt werden, Rückmeldung zum Führungsverhalten zu geben sowie eigene Ideen und Vorschläge miteinzubringen. Feedback ist mit Aufmerksamkeit entgegenzunehmen.

Fürsorgepflicht einhalten

Führungskräfte sollten achtsam mit ihren Mitarbeitern umgehen und auf ihre Gesundheit achten. Stellt die Führungskraft fest, dass Mitarbeiter mit ihrer Arbeit überlastet oder überfordert sind, sind entsprechende Maßnahmen zur Reduzierung dieser Situation einzuleiten. Dazu gehört auch, dass sie den Mitarbeiter heimschickt, falls es ihm gesundheitlich nicht gut geht oder er bereits zu lange an einem Tag gearbeitet hat. Das Einhalten des Arbeitszeitgesetzes ist von der Führungskraft zu überwachen. Sie sollte zudem dafür sorgen, dass durch entsprechende Arbeitssicherheitsmaßnahmen Arbeitsunfälle vermieden bzw. reduziert werden.

Strukturen und Prozesse schaffen

Die Führungskraft sollte die Abarbeitung der Aufgaben durch Schaffung von Prozessen so gestalten, dass jeder Mitarbeiter seine Aufgaben kennt und weiß, was er zu tun hat. Dazu gehört auch das Ermöglichen von mehr Eigenverantwortung durch die Delegation von Aufgaben. Die Etablierung einer Besprechungskultur sowie die Einleitung von Maßnahmen zur Verbesserung der Zusammenarbeit im Team sind weitere Aufgaben. Erhöht sich oder sinkt das Arbeitspensum in der Abteilung signifikant, gehört auch die Gewinnung bzw. Trennung von Mitarbeitern zum Verantwortungsbereich der Führungskraft.

Mitarbeiter fördern und entwickeln

Des Weiteren gehören die Förderung und Weiterentwicklung der Mitarbeiter zur wesentlichen Führungsaufgabe. Die Führungskraft sollte die Potentiale der Mitarbeiter erkennen und gegebenenfalls Anpassungen vornehmen, wie z.B. das Übertragen von weitergehenden Aufgaben und Herausforderungen oder das Anbieten von Entfaltungsmöglichkeiten in der Erledigung ihrer Aufgaben. Die Führungskraft hat dafür zu sorgen, dass die Mitarbeiter entsprechend ihrer Stärken und Fähigkeiten eingesetzt werden. In den Mitarbeiterjahresgesprächen sind mit dem Mitarbeiter weitere Entwicklungsschritte zu vereinbaren und falls nötig Weiterbildungsmaßnahmen bei fehlenden Kompetenzen zu initiieren.

Mitarbeiter motivieren

Damit die Mitarbeiter im Arbeitsumfeld motiviert arbeiten können, ist von der Führungskraft eine Vertrauensbasis zu schaffen, die auch das Ansprechen von Problemen und Schwierigkeiten ermöglicht. Bei Bedarf sollte sich die Führungskraft Zeit für die Probleme der Mitarbeiter nehmen sowie Unterstützung und Lösungsmöglichkeiten anbieten. Gute Leistungen sollten honoriert werden, indem die Führungskraft ihren Mitarbeitern auch mal ein Lob ausspricht oder den Mitarbeitern Belohnungen zukommen lässt.

Aufgabe:

Schauen Sie sich Ihren Arbeitsalltag als Führungskraft an und beschreiben Sie, welche fünf Führungsaufgaben für Sie am wichtigsten sind. Welche
Aufgabe stellt für Sie die größte Herausforderung
dar und bei welcher Aufgabe wünschen Sie sich
mehr Unterstützung von Seiten des Unternehmens?

ERWARTUNGEN AN EINE FÜHRUNGSKRAFT

Neben den Aufgaben und Anforderungen an eine
Führungskraft sollte auch ein Augenmerk darauf
gelegt werden, welche Erwartungen die Mitarbeiter
an eine Führungskraft haben.

In erster Linie werden von den Führungskräften ein wertschätzendes Arbeitsumfeld und gutes
Miteinander in der Abteilung erwartet. Dazu gehören unter anderem auch das Loben und Anerken-
nen von guten Leistungen, aber auch das Aussprechen von Kritik. Eine Vertrauenskultur, das heißt
die Möglichkeit des Ansprechens von Problemen
und das Ermöglichen von Freiräumen, z.B. die Möglichkeit auch einmal von zu Hause aus zu arbeiten

oder eigene Ideen miteinzubringen, gehören ebenso zu den Eigenschaften einer guten Führungskraft. Auch sollten Führungskräfte, sofern möglich, Verantwortungen und Projekte den Mitarbeitern übertragen.

Zudem haben die Mitarbeiter die Erwartung, dass Konflikte durch die Führungskraft koordiniert und zeitnah konstruktiv gelöst werden. Damit verbunden sind auch gute kommunikative Fähigkeiten, wie das Geben von Feedback, oder bei Problemen bzw. Schwierigkeiten zuzuhören und Hilfe anzubieten.

Mitarbeiter erwarten schließlich von ihrer Führungskraft eine Vorbildfunktion, indem sie die Unternehmenswerte vorleben und den Mitarbeitern als fachlicher Experte zur Verfügung stehen.

Aufgabe:

Sie als Führungskraft haben ebenso einen Vorgesetzten. Welche Erwartungen haben Sie an Ihre Führungskraft?

Wirkungsvolle Kommunikation

In den nachfolgenden Kapiteln wird erläutert, was eine gute Kommunikation ausmacht und welche Kommunikationsregeln es grundsätzlich gibt. Da Kommunikation ständig stattfindet, ist es für die Führungskraft enorm bedeutsam, sich mit den Grundlagen der Kommunikation zu beschäftigen. Sie kann zur Steigerung der Motivation sowie zur Steigerung des Zusammengehörigkeitsgefühls in der Abteilung sowie generell bei der Zusammenarbeit im Arbeitsalltag helfen.

GRUNDLAGEN DER KOMMUNIKATION

Die folgenden Ausführungen zeigen die wesentlichen Aspekte guter Kommunikation auf und geben der Führungskraft wichtige Werkzeuge zur Mitarbeiterführung an die Hand.

Grundsätzlich sollte eine vertrauensvolle Kommunikation angestrebt werden. Es sollte jederzeit die Möglichkeit gegeben sein, Probleme offen und direkt anzusprechen und Dinge kritisch zu hinterfragen. Hat der Mitarbeiter der Führungskraft ein Problem anvertraut, sollte beachtet werden, dass der Mitarbeiter zeitnah und verlässlich eine Rückmeldung bekommt. Andere Meinungen sollten akzeptiert und toleriert werden. Das Vertrauen erhöht sich zudem, je entspannter der Umgang untereinander ist, das heißt, dass auch mal über private Dinge gesprochen wird, wie z.B. der Austausch von Aktivitäten am Wochenende.

Wie sollten nun Informationen an die Mitarbeiter weitergeben werden? Wichtig dabei ist, Informationen rechtzeitig und verständlich zu kommunizieren und vorab zu überlegen, ob die Informationen besser persönlich übermittelt werden sollen oder ob ein E-Mail-Verteiler ausreichend ist. Allgemeine Informationen zur Unternehmensentwicklung können durchaus per E-Mail verteilt werden, während kritische oder dringliche Themen besser persönlich kommuniziert werden sollten. Es ist darauf zu achten, möglichst einfache Formulierungen zu verwenden und Fachbegriffe zu vermeiden, mit denen Mitarbeiter möglicherweise nichts anfangen können. Damit die Mitarbeiter die Informationen auch verstehen und ohne Missverständnisse aufnehmen können, ist eine strukturierte Weitergabe von Informationen zudem sehr bedeutsam. Die Führungskraft sollte sich bei komplexen Themen am besten vorab Notizen machen oder einen Entwurf ausarbeiten. Jedoch können zu viele Informationen den Mitarbeiter überfordern, das heißt, nur so viele Informationen wie nötig weitergeben. Möchte die Führungskraft Verbesserungsvorschläge einbringen, sollten z.B. Aussagen wie „man könnte mal wieder..." vermieden, sondern besser eine persönliche Ansprache wie „wir könnten mal wieder..." verwendet werden.

Ein wichtiges Kommunikationsmittel ist zu guter Letzt das aktive Zuhören. Die Konzentration liegt darauf, dem Gegenüber zuzuhören und versuchen zu verstehen, was der andere sagt. Die Führungskraft sollte den Mitarbeiter ausreden lassen sowie mit Aufmerksamkeit und Interesse den Ausführungen des Mitarbeiters ohne Ablenkung folgen. Wird etwas nicht verstanden, können im Zweifelsfall auch Zwischenfragen gestellt werden, um Missverständnisse zu vermeiden bzw. Interesse an dem Gesagten zu zeigen. Am besten ist es, sich dem Gesprächspartner mit Blickkontakt zuzuwenden und das Zuhören durch Kopfnicken zu betonen. Es sollte auch versucht werden, zwischen den Zeilen Sorgen und Ängste des Mitarbeiters herauszuhören. So kann die Führungskraft direkt mit Hilfestellungen reagieren und den Mitarbeiter unterstützen, sollte er z.B. Probleme mit einem Kollegen haben, Aufgaben nicht rechtzeitig fertigbekommen oder Aufgabenstellungen nicht ganz verstehen.

Aufgabe:

In welchen Situationen ist aktives Zuhören ein wichtiges Kommunikationsmittel und an welchen Merkmalen würden Sie das aktive Zuhören in einer ausgewählten Situation festmachen?

FEEDBACK GEBEN UND NEHMEN

Feedback ist ein weiteres Kommunikationsmittel, mit dem man viel erreichen kann, wenn es richtig eingesetzt wird. Bevor die Feedback-Regeln erläutert werden, wird zunächst dargestellt, welche Ziele mit dem Instrument Feedback verfolgt werden.

In erster Linie sollten Führungskräfte Feedback einsetzen, um den Mitarbeitern Rückmeldung zu den abgearbeiteten Aufgaben oder Projekten zu geben. Dies kann sowohl das Aussprechen eines Lobes sein, aber auch das Äußern von Kritik. So können sich Mitarbeiter zum einem in ihrer Arbeit bestätigt fühlen und zum anderen können durch das Aufzeigen von Fehlern Missverständnisse aufgedeckt und beseitigt werden. Bekommt der Mitarbeiter positives Feedback und wird gelobt, sorgt dies für mehr Motivation der Mitarbeiter.

Weiterhin kann der Mitarbeiter durch die Rückmeldung der Führungskraft seine Kompetenzen weiterentwickeln, indem konkrete Fehler und Verbesserungsmöglichkeiten aufgezeigt werden. Ein Beispiel wäre das Vortragen einer Präsentation, bei dem der Mitarbeiter z.B. zu schnell spricht und es selbst nicht bemerkt. Erst durch das Feedback wird dies dem Mitarbeiter bewusst und er kann sich dadurch verbessern. Schließlich können auch Beziehungen untereinander verbessert werden, wenn Verhaltensweisen direkt angesprochen und unmittelbar Lösungswege gesucht werden.

Damit Feedback sowohl positiv als auch negativ wirkungsvoll eingesetzt werden kann, werden im Folgenden wesentliche Vorgehensweisen betrachtet.

Zum einen ist darauf zu achten, dass eine möglichst konkrete Rückmeldung gegeben wird. Bei Kritik können dem Mitarbeiter gleich Verbesserungsvorschläge an die Hand gegeben werden. Verallgemeinerungen sollten dabei vermieden werden. Ein Beispiel wäre: „Ihre Präsentation wirkt sehr unübersichtlich, da zu viel Text auf den Folien zu finden ist und man gar nicht alles so schnell lesen kann. Besser wäre, weniger Text zu verwenden und dafür die ein oder andere Grafik oder Tabelle für mehr Übersicht einzufügen".

Informationen sollten dabei in Maßen übermittelt werden. Erhält der Mitarbeiter zu viele Informationen, besteht die Gefahr, dass der Mitarbeiter überfordert wird und sich dabei etwas verloren fühlt. Erhält der Mitarbeiter z.B. nach einem abgeschlossenen Projekt nur Kritik ohne Verbesserungsvorschläge, kann diese zur Demotivation des Mitarbeiters beitragen.

Weiterhin ist ein zeitnahes Feedback sinnvoll. Sollte der Mitarbeiter z.B. einen Fehler gemacht haben, am besten direkt ansprechen und sich ausreichend Zeit ohne Zeitdruck dafür nehmen. So kann der Mitarbeiter auch etwas damit anfangen. Wird das Feedback z.B. erst im Mitarbeiterjahresgespräch gegeben, kann sich der Mitarbeiter möglicherweise nicht mehr daran erinnern.

Wenn es um ein kritisches Thema geht, sind im Umgang damit weiterhin ein paar Gesichtspunkte zu beachten. So ist es sinnvoller, dem Mitarbeiter die Botschaft persönlich zu übermitteln und nicht den Mitarbeiter z.B. in einem Teammeeting bloßzustellen. Dem Mitarbeiter sind zwar klar die Fehler aufzuzeigen, die Rückmeldung sollte jedoch wertschätzend und mit Respekt überbracht werden. Es ist demnach wenig sinnvoll, dem Mitarbeiter Vorwürfe zu machen und ihn zu verunsichern. Besser ist es, sachlich über die Situation zu sprechen, dem Mitarbeiter die Angst nehmen und ihm Unterstützung anzubieten und zuzusichern. Es sollte auch beachtet werden, um welchen Typ Mitarbeiter es sich handelt. Mitarbeiter, die von Haus aus ängstlicher sind, sollten etwas „sanfter" behandelt werden als gestandene Mitarbeiter.

Neben dem Geben von Feedback ist auch der Erhalt von Feedback zu betrachten. Erhält die Führungskraft Feedback, ist es ratsam, erst einmal zuzuhören, was der Mitarbeiter zu sagen hat. Sie sollte versuchen, sich nicht gleich zu rechtfertigen und vor allem das Gespräch nicht zu unterbrechen. Häufig erhält die Führungskraft in Mitarbeiterjahresgesprächen Feedback zu ihrem Führungsverhalten. Je mehr Vertrauen zwischen den Mitarbeitern und der Führungskraft besteht, desto ehrlicher wird auch das Feedback ausfallen und kann der Führungskraft helfen, sich zu verbessern. Das kann z.B. sein, dass sich die Mitarbeiter mehr Informationen zu aktuellen Unternehmensereignissen wünschen. Es muss bei negativer Kritik am Führungsverhalten auch nicht sofort reagiert werden. Vielmehr reicht es aus, sich erst einmal für das Feedback zu bedanken. Oft ist es sinnvoll, zunächst einmal darüber nachzudenken und erst in einem weiteren Gespräch über das Feedback zu sprechen. Letztendlich kann ein offenes Feedback der Führungskraft nur helfen, am Führungsverhalten zu arbeiten und sich zu verbessern.

Aufgabe:

Versuchen Sie, ein Feedback zu formulieren, bei dem Sie dem Mitarbeiter mitteilen möchten, dass in den Anschreiben für Neukunden sehr viele Fehler enthalten sind.

EINSATZ VON KOMMUNIKATIONSMEDIEN

Neben den Kommunikationsmitteln sollte sich die Führungskraft auch mit den verschiedenen Kommunikationsmedien und deren Einsatz vertraut machen. Insbesondere wenn nicht alle Mitarbeiter vor Ort zusammenarbeiten, ist dies bedeutsam. Die Führungskraft sollte sich immer die Frage stellen, wann persönliche Besprechungen Sinn machen oder ob auch das Schreiben einer E-Mail alternativ in Betracht kommen kann.

E-Mails zu schreiben kann bspw. Sinn machen, wenn es rein um die Übermittlung von Informationen geht. So können die Mitarbeiter in Ruhe die Informationen verarbeiten und gegebenenfalls auch besser verstehen. Allerdings ist nicht auszuschließen, dass E-Mails aufgrund der Informationsflut auch mal untergehen können oder vom Empfänger als unwichtig betrachtet werden. Schließlich ist die Gefahr von Missverständnissen höher, da die Möglichkeiten begrenzter sind, Sachverhalte klar darzustellen. Braucht die Führungskraft schnell eine Information, während sie gerade in einer Besprechung ist, z.B. eine Kennzahl oder eine Auswertung, hat sich die Nutzung der Chatfunktion bspw. via Skype bewährt. Die Führungskraft kann im Chatbereich direkt sehen, ob der Mitarbeiter gerade am Arbeitsplatz ist und kann davon ausgehen, dass die benötigte Information schnell geliefert wird.

Persönliche Besprechungen oder zumindest Telefonate ermöglichen hingeben schnelles und direktes Feedback und sollten immer bevorzugt werden, sobald es um kritische oder komplexe Themen geht oder wenn eine schnelle Entscheidungsfindung durch die Führungskraft notwendig ist. Konflikte sollten niemals versucht werden, per E-Mail zu lösen, da man dabei den Gefühlszustand und die Stimmung des Mitarbeiters schlecht einschätzen kann.

Wenn Mitarbeiter nicht am gleichen Ort zusammenarbeiten, ist es schon grundsätzlich schwieriger, zwischenmenschliche Beziehungen und Vertrauen aufzubauen. Dies kann eintreffen, wenn einzelne Mitarbeiter im Home-Office arbeiten oder an einem anderen Standort ihren Arbeitsplatz haben. Insbesondere aber für die Kommunikation untereinander stellt dies eine besondere Herausforderung dar. Die Führungskraft sollte hier etablieren, regelmäßige Video- oder Telefonkonferenzen durchzuführen.

Unabdingbar sind trotz der Entfernung regelmäßige persönliche Treffen, insbesondere wenn es um komplexe Themen oder kritische Themen geht. Es ist weiterhin ratsam, einmal im Jahr ein gemeinsames Teamevent zu organisieren, damit zumindest etwas die zwischenmenschlichen Beziehungen gepflegt werden können.

Aufgabe:

Sie haben einen Mitarbeiter, der in China arbeitet und zu Ihrem Team gehört. Welche Kommunikationsmedien würden Sie für diesen Mitarbeiter verwenden, um mit ihm zu kommunizieren?

Zusammenarbeit im Team

Um in der Abteilung ein kollegiales und gemeinschaftliches Miteinander zu schaffen, hat die Führungskraft die Verantwortung, entsprechende Maßnahmen zu entwickeln und umzusetzen. Teams sollten gerne miteinander arbeiten und Informationen austauschen. Neben der Teamentwicklung spielen auch die verschiedenen Persönlichkeitstypen eine große Rolle, die jeweils unterschiedlich zu führen sind. Eine große Herausforderung ist weiterhin der professionelle Umgang mit Konflikten und Mitarbeitern, die ihre Arbeitsleistung nicht ausreichend erbringen können oder wollen. Diese verschiedenen Handlungsfelder werden nachfolgend näher beleuchtet.

TEAMENTWICKLUNG

Je größer das Team ist, desto wichtiger ist es, ein funktionierendes und erfolgreiches Team aufzubauen. Da sich Abteilungen nicht von selbst entwickeln, hat die Führungskraft dabei eine steuernde Funktion.

Bevor auf konkrete Anregungen, die zur Teamentwicklung beigetragen können, eingegangen wird, sollten sich Führungskräfte zuerst einmal bewusst machen, welche Merkmale Teams erfolgreich machen.

Gut funktionierende Teams weisen eine Vielzahl an Eigenschaften auf, die nachfolgend erläutert werden.

Zunächst kennt in einem erfolgreichen Team jeder die Ziele und Aufgaben in der Abteilung. Entscheidungen werden gemeinsam im Team getroffen. Jeder Mitarbeiter sollte in wichtige Entscheidungen miteinbezogen werden. Dazu gehören auch das Akzeptieren und das kritische Hinterfragen anderer Meinungen. Auch schwierige Mitarbeiter sollten in der Abteilung akzeptiert werden. Eine „Fehlerkultur" hat sich etabliert, das heißt, Fehler können passieren und die Führungskraft steht dahinter und schiebt nicht die Schuld auf einzelne Mitarbeiter. Sie übernimmt vielmehr die Verantwortung für die gesamte Abteilung. Die Führungskraft sorgt weiterhin dafür, dass alle relevanten Informationen allen Mitarbeitern zur Verfügung gestellt werden. Sie unterstützt den Mitarbeiter bei Problemen und Schwierigkeiten und versucht, einzelne Mitarbeiter nicht zu benachteiligen. Schließlich sollte auch das Arbeitsklima geprägt von Hilfsbereitschaft und einem harmonischen Miteinander sein. Jeder Mitarbeiter im Team fühlt sich wohl und es kann auch mal gelacht oder über Privates gesprochen werden.

Wird ein Team inklusive Führungskraft neu zusammengestellt oder gibt es größere Änderungen, wie z.B. die Zusammenlegung mehrerer Abteilungen, kann es auch Sinn machen, ein externes darauf spezialisiertes Unternehmen für die Teamentwicklung einzusetzen. Wichtig dabei ist, dass nicht für alle Teams alle Maßnahmen infrage kommen. Es kommt im Besonderen auf die Situation, in der sich die Abteilung gerade befindet, an. Bei einem neuen Team sind andere Veranstaltungen zu wählen als z.B. für eine Abteilung, die gerade stark mit Konflikten untereinander kämpft. Daher empfiehlt sich meist, externe Unterstützung mit einem umfassenden Erfahrungsschatz hinzuzuziehen. Eine Möglichkeit wäre dabei ein gemeinsames Outdoor-Training. Dies kann z.B. ein Hochseilgarten oder der Bau eines Floßes sein.

Ein Indoor-Training unter Einbezug verschiedener Workshops und Teamübungen wären auch eine denkbare Option. Allerdings kommen bei Veranstaltungen im Freien meist noch der Spaßfaktor und ein lockeres Miteinander hinzu. Solche professionell durchgeführten Trainings verfolgen unterschiedliche Ziele. Zum einen helfen solche Trainings beim Aufbau des Vertrauens sowie bei der Verbesserung der Kommunikation untereinander. Bei einem neuen Team ist dies auch eine gute Gelegenheit, sich besser kennenzulernen und das „Wir-Gefühl" kann zusätzlich gesteigert werden. Die Führungskraft hat zudem die Möglichkeit, ihre Mitarbeiter besser kennenzulernen und kann sich bereits ein Bild von den einzelnen Mitarbeitern sowie deren Stärken und Schwächen machen.

Einige konkrete Praxistipps, welche Teamentwicklungsmaßnahmen auch im Arbeitsalltag möglich sind, wären:

- Einmal in der Woche gemeinsam Mittagessen gehen, sollte es eine Kantine geben
- Einmal pro Quartal ein gemeinsames Abendessen
- Besuch eines Biergartens im Sommer oder eines Weihnachtsmarktes im Winter
- Grill-, Koch- oder Spieleabende (bei kleineren Abteilungen kann auch die Familie mit einbezogen werden)
- Kaffeepausen am Nachmittag oder gemeinsamer Spaziergang mit einem Eis in der Mittagspause
- Sportliche Betätigungen (z.B. Teilnahme an Firmenläufen oder Freizeit-Fußballturnieren, Lauftreffs oder ein gemeinsamer geführter Reitausflug)

Letztendlich kann abschließend noch hinzugefügt werden, dass Teamentwicklung jederzeit stattfindet und auch alle Mitarbeiter aufgerufen sind, sich daran zu beteiligen und für ein angenehmes Arbeitsklima zu sorgen. Die Führungskraft hat ein besonderes Augenmerk darauf zu legen, dass sich das Team schließlich in die richtige Richtung entwickelt.

Aufgabe:

Sie haben vor, einmal jährlich ein größeres Teamevent in Ihrer Abteilung zu organisieren. Erstellen Sie eine Liste, welche Möglichkeiten Sie konkret haben. Denken Sie dabei an Ihren Standort sowie an die Zusammensetzung Ihrer Mitarbeiter.

WIE FÜHRE ICH WELCHE MITARBEITER – EINE EINFÜHRUNG IN DAS DISG-MODELL

In jeder Abteilung gibt es unterschiedliche Mitarbeitertypen, mit denen sich Führungskräfte auseinandersetzen müssen. So sind auch Mitarbeiter unterschiedlich zu führen. Im Folgenden werden beispielhaft einige Mitarbeitertypen vorgestellt und ein paar dazugehörige Lösungsansätze zur Führung dieser Mitarbeiter dargestellt. Im Anschluss daran wird noch eine Einführung eines Persönlichkeitsmodells – dem DISG-Modell – gegeben.

Mitarbeiter, die eher ruhiger und gelassener sind und am liebsten alleine vor sich hinarbeiten, sind einfacher zu führen als z.B. Mitarbeiter, die immer alles besser wissen. Diesen Mitarbeitern können gut abgeschlossene Projekte mit möglichst großen Freiräumen und wenig Abstimmung mit den anderen Kollegen gegeben werden. Wichtig dabei ist, eine regelmäßige Rückmeldung zum Status anzufordern. Auch wenn diese Mitarbeiter relativ pflegeleicht sind, sollte bei diesen Mitarbeitern dennoch darauf geachtet werden, dass sie im Team nicht untergehen, das heißt, sie in Besprechungen explizit aufgefordert werden, ihre Meinung zu äußern.

Mitarbeiter, die hingegen immer ihre Meinung durchsetzen wollen und alles besser wissen, aber auch andere Meinungen der Kollegen infrage stellen oder unpassende Bemerkungen äußern, sind deutlich schwieriger zu führen und erfordern mehr Anstrengung. Dieser Mitarbeiter muss regelmäßig darauf hingewiesen werden, dass er auch andere

Meinungen zu akzeptieren hat und am Ende das Team gemeinsam entscheidet. Trotzdem sollte diesem Mitarbeiter Dankbarkeit für seine Meinung ausgesprochen werden, da dieser oft auch gute Ideen einbringt. Bei diesem Mitarbeitertyp sind sicherlich häufiger Kritikgespräche erforderlich.

Ängstliche und verunsicherte Mitarbeiter, die Kritik schnell persönlich nehmen und sich dann eher zurückziehen und sich nichts mehr sagen zu trauen, erfordern ein besonderes Feingefühl. Wenn Führungskräfte bemerken, dass solche Mitarbeiter etwas falsch gemacht haben, sollte dies nicht direkt angesprochen werden, da sie sonst möglicherweise in Tränen ausbrechen und überfordert sind. Besser ist es, die Botschaft in einer ruhigen Atmosphäre in einem Vier-Augen-Gespräch vorsichtig zu überbringen und ihnen die Angst vor dem Versagen zu nehmen. Diesen Mitarbeitern sollte Sicherheit gegeben und mehr Unterstützung angeboten werden. Bei gut gemachter Arbeit kann hier zur Stärkung des Selbstvertrauens ruhig öfter mal gelobt und Mut ausgesprochen werden.

Um eigene Verhaltensweisen kennenzulernen und auch das Verhalten der Mitarbeiter besser zu verstehen und zu deuten, können Persönlichkeits-modelle zur Unterstützung eingesetzt werden. Nachfolgend wird das DISG-Persönlichkeitsmodell als Beispiel vorgestellt.

In diesem Modell gibt es vier verschiedene Persönlichkeitstypen:

D = dominant

Diese Mitarbeiter zeichnen sich durch Direktheit und großem Selbstbewusstsein aus. Sie mögen Arbeiten mit möglichst großen Freiräumen, Herausforderungen und treffen gerne selbst Entscheidungen. Sie arbeiten sehr ergebnisorientiert.

Diesen Mitarbeitern sollten die Führungskräfte herausfordernde und abwechslungsreiche Aufgaben geben und ihnen viel Freiheiten in der Bearbeitung der Aufgaben lassen.

I = initiativ

Diese Mitarbeiter zeichnen sich durch ihre Aufgeschlossenheit, Begeisterungsfähigkeit und Teamfähigkeit aus. Sie haben viele Ideen, die sie auch gerne mit anderen teilen. Ihnen ist eine harmonische Zusammenarbeit besonders wichtig.

Diese Mitarbeiter mögen zudem viel Abwechslung

in der Arbeit. Führungskräfte können diese Mitarbeiter mit Aufgaben begeistern, bei denen sie viele Ideen einbringen können. Diesen Mitarbeitern sollte auch häufiger die Gelegenheit gegeben werden, ihre Vorschläge in die Abteilung miteinzubringen.

S = stetig

Diese Mitarbeiter zeichnen sich durch ihre Hilfsbereitschaft, Loyalität und Einfühlsamkeit aus. Für sie ist, wie auch bei den initiativen Mitarbeitern, Teamarbeit sehr wichtig. Sie gehen achtsam mit den anderen Kollegen in der Abteilung um und versuchen, andere bei ihrer Arbeit zu unterstützen. Sie werden häufig als sehr angenehme Menschen empfunden und sorgen für Stabilität im gesamten Arbeitsumfeld.

Führungskräfte sollten diesen Mitarbeitern regelmäßig Lob aussprechen, um ihre geleistete Arbeit zu würdigen. Werden diesen Mitarbeitern Arbeiten übertragen, können die Führungskräfte davon ausgehen, dass sie mit hoher Wahrscheinlichkeit rechtzeitig und pünktlich bearbeitet werden. Diese Mitarbeiter sind z.B. als Pate für neue Mitarbeiter gut geeignet, da sie sich gerne um andere kümmern.

G = gewissenhaft

Diese Mitarbeiter arbeiten sehr gründlich und genau. Sie lieben es zudem, mit Zahlen und Daten zu arbeiten. Sie zeichnen sich durch eine systematische und vorausplanende Arbeitsweise aus. Sie haben häufig ein hohes Fachwissen und bilden sich gerne weiter.

Diese Mitarbeiter können Führungskräfte motivieren, indem sie diesen idealerweise in vorgegebenen Prozessen, wie z.B. das Erstellen von Auswertungen und Statistiken, arbeiten lassen, wo Kreativität nicht unbedingt erforderlich ist, sondern das detaillierte und korrekte Arbeiten im Vordergrund steht. Gelegentliche Weiterbildungsmaßnahmen wirken zusätzlich positiv auf diese Mitarbeiter.

Zusammengefasst kann gesagt werden, je mehr die Führungskraft über die Persönlichkeiten ihrer Mitarbeiter weiß, desto besser kann sie die Mitarbeiter führen und entsprechende Maßnahmen treffen. Die Führungskraft sollte die Verschiedenheit der Mitarbeiter als Bereicherung ansehen und die Stärken der einzelnen Mitarbeiter bestmöglich nutzen.

Aufgabe:

Versuchen Sie, die vier Persönlichkeitstypen des DISG-Modelles Ihren Mitarbeitern zuzuordnen und überlegen Sie, welche Besonderheiten bei der Führung dieser Mitarbeiter zu beachten sind.

UMGANG MIT LOW PERFORMERN

Führungskräfte sollten auch ein Augenmerk auf Mitarbeiter legen, die die gewünschten Arbeitsergebnisse nicht mehr erbringen. Sie werden in der Literatur auch als Low Performer bezeichnet. Sie weisen entweder weniger oder schlechtere Leistungen vor. Weniger Leistung kann sich z.B. bei der Arbeit am Fließband bemerkbar machen oder beim Abarbeiten von Vertriebsaufträgen. Schlechtere Leistung zeigt sich meist durch eine höhere Fehlerquote oder sinkende Qualität, z.B. beim Schreiben von Berichten oder Erstellen von Präsentationen.

Zunächst gilt es, sich mit den Ursachen auseinanderzusetzen, warum die Leistung des Mitarbeiters nicht mehr stimmt. Die Gründe sind vielfältig, ebenso sind die jeweiligen Lösungsansätze auch völlig unterschiedlich.

Zum einen könnte es sein, dass der Mitarbeiter private Probleme hat. Dies kann z.B. ein Krankheitsfall in der Familie, dass der Mitarbeiter selbst krankheitsbedingt eingeschränkt ist oder auch die Trennung vom Partner sein. Das Problem der Leistungsminderung könnte auch in der Abteilung selbst liegen. Der Mitarbeiter kann z.B. ein Mobbing-Opfer sein oder er fühlt sich grundsätzlich in der Abteilung unwohl. Häufig allerdings sind Mitarbeiter mit ihrer Arbeit überfordert und verlieren den Überblick oder schaffen das Abarbeiten der Aufgaben nicht mehr.

Werden Aufgaben nur noch unter Zeitdruck erledigt, häuft sich die Wahrscheinlichkeit, Fehler zu machen oder unsauberer zu arbeiten. In der Folge sinkt die Motivation oder die Mitarbeiter haben sogar Angst, ihren Arbeitsplatz zu verlieren. Sind Mitarbeiter andererseits unterfordert, das heißt, sie langweilen sich beim Erledigen der Aufgaben, kann dies genauso zu einer sinkenden Motivation führen oder sogar Frustration eintreten. Die Konzentration des Mitarbeiters leidet so immer häufiger darunter, da sich der Mitarbeiter mehr und mehr mit privaten Dingen beschäftigt und so mehr Fehler entstehen.

Damit eine Lösung gefunden werden kann und der Mitarbeiter wieder zu seiner normalen Leistung zurückfindet, sollte das Problem zunächst angesprochen und zusammen mit dem Mitarbeiter genauer analysiert werden. Je besser die Vertrauensbasis zwischen Führungskraft und Mitarbeitern, desto ehrlicher und offener wird der Mitarbeiter über das Problem sprechen. Zur Vorbereitung auf das Gespräch sollte die Führungskraft konkrete Fakten mitbringen, z.B. eine fehlerhafte Präsentation oder Kennzahlen über die Anzahl der bearbeiteten Aufträge, auch im Vergleich zu anderen Mitarbeitern.

Nachfolgend werden einige Möglichkeiten dargestellt, welche Maßnahmen getroffen werden können und mit welchen Unterstützungsleistungen die Führungskraft beitragen kann, damit der Mitarbeiter wieder seine normale Arbeitsleistung erbringt.

Hat der Mitarbeiter private Probleme, kann dem Mitarbeiter ggf. Unterstützung hinsichtlich der Gestaltung der Arbeitszeit angeboten werden, z.B. das Nehmen von Urlaub oder von Gleitzeittagen, wenn es dem Mitarbeiter gerade nicht gut geht. So hat er die Möglichkeit, seinen Kopf wieder etwas freizubekommen und Energie zu tanken. Man könnte ihn aber auch aus dem Schichtsystem herausnehmen und ihm feste Arbeitszeiten für einen befristet festgelegten Zeitraum ermöglichen, damit er sich z.B. um das kranke Familienmitglied kümmern kann.

Kann der Mitarbeiter die Aufgaben aufgrund von fehlenden fachlichen Kompetenzen nicht bearbeiten, könnten entsprechende Schulungsmaßnahmen in die Wege geleitet werden, entweder durch eine externe Schulung oder durch interne Weiterbildungsmaßnahmen am Arbeitsplatz selbst. Dies kann entweder durch Eigeninitiative des Mitarbeiters oder vom Arbeitgeber finanziert vorgenommen werden. Eine Änderung des Aufgabengebietes könnte zudem eine Option sein.

Wichtig ist, mit dem Mitarbeiter Ziele zu vereinbaren, diesen weiter zu beobachten sowie die Arbeitsergebnisse regelmäßig in Besprechungen mit dem Mitarbeiter gemeinsam zu kontrollieren. Sollten diese Maßnahmen nach einem vereinbarten Zeitraum keine Verbesserungen bewirken, könnte im nächsten Schritt über eine Versetzung auf eine andere Stelle nachgedacht werden, die der Qualifikation des Mitarbeiters mehr entspricht. Dies ist natürlich eher in größeren Unternehmen eine Option. Ist dies nicht möglich, bleibt am Ende oft nur eine personenbedingte oder betriebsbedingte Kündigung aufgrund mangelnder Qualifikation, das heißt, es gibt für ihn auch keine anderen Einsatzmöglichkeiten.

Eine Versetzung ist aber auch denkbar, wenn der Mitarbeiter sich im Team nicht wohlfühlt, ihm die zu erledigenden Arbeiten nicht gefallen oder für die Stelle überqualifiziert ist und die Motivation dementsprechend auch sehr gering ist. Also hier ist es eher ein Problem, dass der Mitarbeiter die Arbeiten nicht erledigen will. Bei unterforderten Mitarbeitern kann auch darüber nachgedacht werden, dem Mitarbeiter mehr Verantwortung zu geben. Dies könnte z.B. die Übertragung eines Projektes oder sogar der Teamleitung sein. Gibt es keine Möglichkeiten der Versetzung oder der Änderung des Arbeitsgebietes, kann eine Abmahnung in Betracht kommen und im letzten Schritt eine verhaltensbedingte Kündigung, wenn der Mitarbeiter seine Arbeit weiterhin nicht entsprechend ordentlich erledigen möchte.

Zusammengefasst kann gesagt werden, dass hier eine gute Kommunikation mit dem Mitarbeiter notwendig ist. Es ist bei schwierigen Fällen, insbesondere wenn es sich um Abmahnungen oder eine Kündigung handelt, unbedingt zu empfehlen, die Unterstützung durch die Personalabteilung einzufordern.

Aufgabe:

Was können Sie konkret tun, wenn Sie bemerken, dass der Mitarbeiter mit dem Arbeitspensum überfordert ist und die Fehlerquote immer mehr steigt?

UMGANG MIT KONFLIKTEN

Konflikte in der Abteilung entstehen nicht selten, sei es zwischen Mitarbeitern untereinander oder zwischen Mitarbeiter und der Führungskraft. Im Folgenden wird ein Überblick über die Ursachen sowie das Lösen von Konflikten gegeben. Bevor auf die Konfliktlösung eingegangen wird, sollte die Führungskraft sich auch damit auseinandersetzen, warum es überhaupt zu Konflikten kommt. Alleine schon das Bewusstmachen der Gefahren kann möglicherweise Konflikte verhindern oder zumindest abmildern.

Generell kann gesagt werden, dass Konflikte meist aufgrund mangelnder oder falscher Kommunikation entstehen bzw. Probleme nicht angesprochen werden, z.B. aus Angst Schwächen zu zeigen, wenn eine Arbeitsüberforderung vorliegt. Wird zu viel über E-Mails kommuniziert, anstatt persönlich miteinander zu sprechen oder zu telefonieren, ist die Gefahr auch größer, dass Konflikte entstehen.

Ist die Abteilung sehr groß, besteht im Team selbst ein großes Konfliktpotential. Dies ergibt sich meist aufgrund des Aufeinandertreffens unterschiedlicher Charaktere und Persönlichkeiten. Dominantere Mitarbeiter verhalten sich ganz anders als eher ruhigere und zurückhaltende Mitarbeiter. Es kann erwähnt werden, dass es Persönlichkeitstypen gibt, die für Konflikte anfälliger sind als andere Mitarbeiter. Mitarbeiter, die eine Grundzufriedenheit haben und sehr ausgeglichen sind, sind grundsätzlich weniger anfällig für Konflikte als Mitarbeiter, die alles besser wissen und immer recht haben müssen. Auch haben Mitarbeiter, die weniger offen für Veränderungen oder Neues sind und alles erst einmal ablehnen und schlechtreden oder Mitarbeiter, die sich nicht an Regeln und Vorgehensweisen halten, ein höheres Konfliktpotential.

Hinzu kommt, dass die Gefahr des Lästerns über andere Mitarbeiter, das Entstehen von Neid oder das Verbreiten von Gerüchten zunimmt, je größer das Team ist und so zusätzlich Konflikte herbeiführen kann. Es können dadurch Feindschaften untereinander bzw. Ausgrenzungen einzelner Mitarbeiter entstehen. Gibt es viele Schnittstellen in der Abteilung, kann auch hier ein Konflikt entstehen, wenn die Aufgabenverteilung nicht klar genug definiert wurde.

Insgesamt ist die regelmäßige Kommunikation mit den Mitarbeitern und das Abhalten von Besprechungen mit dem ganzen Team sehr wertvoll, um Konflikte bereits frühestmöglich aufzudecken bzw. bereits im Vorfeld zu erkennen. Das persönliche und regelmäßige Nachfragen nach dem Wohlbefinden der Mitarbeiter kann darüber hinaus schon entscheidende Informationen für einen Konflikt liefern. Es ist nicht immer ganz einfach, Konflikte unmittelbar zu erkennen und aufzudecken. Durch das Abhalten von Besprechungen mit dem gesamten Team bekommt die Führungskraft zudem ein Gefühl dafür, wie die Mitarbeiter untereinander zusammenarbeiten und sich verstehen. Die Führungskraft sollte die Charaktereigenschaften und Persönlichkeiten der Mitarbeiter möglichst genau kennen. Klappt z.B. die Zusammenarbeit zwischen zwei Mitarbeitern nicht und es ist auch keine Besserung in Sicht, muss die Führungskraft handeln und die Mitarbeiter gegebenenfalls räumlich trennen oder das Aufgabengebiet so strukturieren, dass eine enge Zusammenarbeit nicht mehr erforderlich ist. Hilft dies auch nicht, sollte versucht werden, falls möglich, eine Versetzung in eine andere Abteilung anzustreben oder dem Mitarbeiter, losgelöst von der Zusammenarbeit mit der Abteilung, eigenständige Projekte zuzuteilen. Vielleicht ist dieser Mitarbeiter einfach ein Einzelkämpfer und läuft so zur Höchstform auf und damit wäre letztendlich der ganzen Abteilung geholfen.

Hat ein Mitarbeiter mit der Führungskraft Diskrepanzen oder Unstimmigkeiten aufgrund des Führungsverhaltens, sollte die Führungskraft genauso wie die Mitarbeiter für Feedback und Kritik empfänglich sein und die vorgetragene Kritik des Mitarbeiters ernst nehmen. Die Führungskraft sollte sich die Kritik anhören, aufnehmen und versuchen, Verbesserungsmaßnahmen einzuleiten. Es kann z.b. sein, dass der Mitarbeiter dauerhaft zu wenig Informationen erhält, die zur Bearbeitung seiner Aufgaben notwendig wären. Gibt die Führungskraft nun regelmäßiger Rückmeldungen, freut sich der Mitarbeiter und im Zuge dessen führt das verbesserte Verhalten zu mehr Zufriedenheit sowie zu einer höheren Arbeitsmotivation.

Wie können nun Konflikte, die das ganze Team betreffen, gelöst werden? Der größte Erfolgsfaktor ist, dass alle Betroffenen gemeinsam an der Lösung des Konfliktes arbeiten. Sollte sich die Führungskraft die Moderation der Besprechungen nicht zutrauen, kann auch ein neutraler Moderator begleitend hinzugezogen werden. Jeder Mitarbeiter sollte die Möglichkeit bekommen, sich zum Konflikt zu äußern und seine Eindrücke zu schildern. Dies sollte möglichst sachlich unter der in Kapitel 3.2 vorgestellten Feedback-Regeln erfolgen. Anschuldigungen und Vorwürfe sind wenig zielführend und sind möglichst zu unterlassen, auch wenn es bei emotional-geprägten Mitarbeitern nicht immer ganz einfach ist. Ist eine Umverteilung der Aufgaben oder Veränderung der Verantwortlichkeiten notwendig, ist die Führungskraft besonders gefragt. Teamentwicklungsmaßnahmen können auch eine sinnvolle Ergänzung sein. Schließlich kann gesagt werden, dass der Prozess der Konfliktlösung sehr zeitintensiv sein kann und einen längeren Zeitraum benötigt, bis der Konflikt gelöst ist. Am Ende des Tages sollte es das Ziel sein, für alle Mitarbeiter eine passende Lösung zu finden und nicht einen einzelnen Mitarbeiter zufrieden zu machen.

Zusammengefasst lässt sich festhalten, dass Konflikte sofort nach dem Eintreten bearbeitet werden sollten. Ist der Konflikt erst einmal Thema und präsent, kann er auch gelöst werden. Wird der Konflikt hingegen ignoriert oder ausgeblendet, verschlimmert sich der Konflikt eher und die Auswirkungen können enorm sein. Angefangen von sinkender Motivation und damit verbundener sinkender Produktivität bis hin zur innerlichen Kündigung des Mitarbeiters und dem Gedanken, das Unternehmen zu verlassen.

Aufgabe:

Erinnern Sie sich an einen bereits erlebten Konflikt oder denken Sie sich einen realistischen Konflikt aus und machen Sie sich Gedanken, wie Sie den Konflikt am besten lösen würden. Berücksichtigen Sie auch, mit welchem Persönlichkeitstyp Sie es zu tun haben. Was könnten Sie tun, um einen derartigen Konflikt zukünftig zu vermeiden?

Management der Abteilung

Damit eine Abteilung gut funktioniert, ist es enorm wichtig, dass die Abteilung gut strukturiert und ausreichend organisiert ist. Neben der Festlegung von Prozessen sowie Aufteilung der Aufgaben in der Abteilung ist es wichtig, sich mit der Delegation von Aufgaben zu beschäftigen sowie die Kontrolle der Arbeitsergebnisse in den Arbeitsalltag zu integrieren.

FESTLEGUNG VON PROZESSABLÄUFEN

Zunächst sollten wichtige Prozessabläufe schriftlich festgehalten werden. Bspw. kann dies eine allgemeine Vorgehensweise zur Abarbeitung eines Projektes sein oder aber auch die Vorgehensweise spezieller Aufgaben, z.B. die Organisation einer Messe oder die Aufnahme eines neuen Lieferanten. Die Dokumentation kann z.B. in Form eines Handbuchs sein, in dem alle wichtigen Schritte zur Erledigung der Aufgaben am bestem mit Screenshots sowie Checklisten festgehalten sind.

Weiterhin ist am besten direkt zusammen mit der Abteilung zu überlegen, in welchem Turnus Besprechungen stattfinden sollen. Je nach Größe des Teams empfiehlt sich eine wöchentliche Besprechung, bei der alle Mitarbeiter der Abteilung anwesend sind. Es können gegebenenfalls zusätzlich wöchentliche oder sogar tägliche Besprechungen zwischen Führungskraft und einzelnen Mitarbeitern festgelegt werden. Ist ein Mitarbeiter neu in der Abteilung, kann auch eine kurze tägliche Besprechung zu Beginn des Tages Sinn machen.

Damit die Vertretung während der Urlaubszeit bzw.

im Krankheitsfall sichergestellt ist, ist eine Vertreterregelung ratsam. Am besten ist eine detaillierte Übersicht anzufertigen, wer welche Aufgaben und Verantwortlichkeiten übernimmt und wer der jeweilige Stellvertreter dafür ist. Eine abgespeckte Übersicht kann z.B. auch auf dem Intranet zur Verfügung gestellt werden, damit die Mitarbeiter im Unternehmen gleich den richtigen Ansprechpartner haben. Auch macht es Sinn, in der Abwesenheitsnotiz den Ansprechpartner mit E-Mail-Adresse und Telefonnummer, insbesondere für Außenstehende, zu benennen.

Die Schaffung einer Besprechungskultur ist sehr bedeutsam, damit Teammeetings strukturiert und effektiv ablaufen können. Die Besprechungsregeln sollte die Abteilung idealerweise gemeinsam erarbeiten, sodass eine höhere Verbindlichkeit hergestellt wird.

Es ist darauf zu achten, dass

- jeder die Regeln versteht und auch akzeptiert,
- jeder die Regeln einhält,
- alle Regeln schriftlich dokumentiert werden und für jeden verfügbar sind,

- regelmäßige Überprüfungen auf Gültigkeit der Regeln durchgeführt werden,
- weitere Regeln gegebenenfalls nachträglich ergänzt werden.

Die Führungskraft sollte auf folgende generelle Besprechungsregeln zurückgreifen. Besprechungen sollten pünktlich beginnen und auch beendet werden, damit z.B. nachfolgende Besprechungen eingehalten werden können. Wichtig ist, alle Mitarbeiter einzuladen und Änderungen bezüglich der Besprechungszeit oder des Raumes rechtzeitig mitzuteilen. Nicht zu vergessen ist das Beifügen der Agenda, sodass sich die Mitarbeiter gegebenenfalls vorbereiten können. Gibt es Themen, die nur einen Teil der Mitarbeiter betreffen, können diese an das Ende der Besprechung gelegt werden.

Bei umfangreicheren Besprechungspunkten empfiehlt es sich, eine extra Besprechungsrunde für dieses Thema einzuberufen. Das Besprechungsprotokoll mit den Resultaten und Absprachen ist vom Protokollführer möglichst zeitnah nach der Besprechung allen Mitarbeitern zur Verfügung zu stellen, damit die Mitarbeiter mit der Abarbeitung der Aufgaben beginnen können. Die Führung des Protokolls sollte entweder immer derselbe Mitarbeiter oder abwechselnd von den Mitarbeitern übernommen werden. Störfaktoren, wie die Nutzung des Handys, das Lesen von E-Mails oder das Essen während der Besprechung, sind möglichst zu unterlassen.

Aufgabe:

Wie könnten Sie in Ihrer Abteilung das Abhalten von Besprechungen konkret strukturieren bzw. optimieren? Welche Besprechungsregeln helfen Ihnen oder sollten zusätzlich eingeführt werden?

DELEGATION VON AUFGABEN UND VERANTWORTUNGEN

Damit die Abteilung bestmöglich aufgestellt ist und Aufgaben rechtzeitig erledigt werden können, sollten sich die Führungskräfte zudem mit dem Delegieren von Aufgaben und Verantwortungen beschäftigen. Es gibt unterschiedliche Ursachen, warum das Delegieren vielen Führungskräften Schwierigkeiten bereitet. Eine Auseinandersetzung mit diesen Ursachen lohnt sich, da Führungskräfte durch die Abgabe von bspw. Routineaufgaben deutlich entlastet werden können. Nachfolgend werden die häufigsten Ursachen erläutert.

In erster Linie haben die Führungskräfte Angst, die Kontrolle über bestimmte Aufgaben zu verlieren, das heißt, die Angst etwas loszulassen, was bisher gut funktioniert hat. Werden zu viele Aufgaben abgegeben, könnte die Angst entstehen, ersetzbar zu werden. Weiterhin haben Führungskräfte oft kein Vertrauen in die Mitarbeiter und trauen den Mitarbeitern bestimmte Aufgaben, z.B. das Erstellen von aufwändigen Excel-Auswertungen, nicht zu. Sie denken, dass ihnen die Kompetenz dazu fehlt und so die Mitarbeiter viel länger zur Erledigung brauchen. Zudem befürchten sie häufig, dass das Erklären der Aufgaben zu zeitaufwändig ist und es daher oft sein lassen, als diese Zeit dafür zu investieren. Schließlich werden Aufgaben, die eine erhöhte Aufmerksamkeit bei Verantwortlichen im Unternehmen schaffen, das heißt, bei denen man sich gut selbst darstellen kann, nicht gerne abgegeben.

Egal ob eine Abteilung neu übernommen wird oder bereits Führungskräftetätigkeit besteht, empfiehlt sich immer, sich einen Überblick zu verschaffen, welche Aufgaben derzeit von der Führungskraft erledigt werden und im nächsten Schritt herauszuarbeiten, welche davon an die Mitarbeiter übergeben werden können bzw. überhaupt sinnvoll sind, zu übertragen. Es macht nicht jede Übertragung von Aufgaben oder Projekten Sinn, z.B. sollten Recruiting-Aktivitäten, Mitarbeitergespräche oder das Lösen von Konflikten weiterhin von der Führungskraft übernommen werden.

Weiterhin ist in Erwägung zu ziehen, welcher Grad der Übernahme von Aufgaben und Verantwortungen angestrebt wird. Es könnten z.B. einzelne Auswertungen oder wöchentliche Routineaufgaben übergeben werden. Hier empfiehlt sich idealerweise die Erstellung einer Anleitung oder ein Handbuch zur gezielten Übernahme der Aufgabe. Wichtig ist, dass alle Details zur Erledigung der Aufgabe mit dem Mitarbeiter durchgegangen werden und auch in der ersten Zeit falls nötig gemeinsam mit dem Mitarbeiter erledigt werden, nach dem Motto „learning by doing". Wird ein Projekt oder ein ganzer Aufgabenbereich übergeben, ist zu überlegen, ob die komplette Verantwortung mit übergeben wird oder nur die Bearbeitung der Aufgabe übertragen wird und die finale Entscheidung schließlich durch die Führungskraft erfolgt.

Außerdem ist es ratsam, die Kompetenzen und Stärken der Mitarbeiter bestmöglich zu kennen, um zu entscheiden, welche Aufgaben wer übernehmen kann, denn nicht jeder ist gleichermaßen für alle Aufgabengebiete geeignet. Dazu gehören je nach Bereich z.B. Fremdsprachenkenntnisse oder MS-Office-Kenntnisse.

Ist der Schritt des Loslassens und die Delegation bestimmter Aufgaben und Verantwortungen schließlich getan, fühlt sich dies gut und erleichternd an und die freigewordene Zeit kann z.B. für Führungsaufgaben verwendet werden. Zudem schafft dies eine Vertrauensbasis zu den Mitarbeitern. Es zählt letztendlich das Arbeitsergebnis der Abteilung und nicht das der Führungskraft.

Aufgabe:
Erstellen Sie eine Übersicht über alle regelmäßig zu bearbeitenden Aufgaben, die sich zur Delegation eignen (dies kann täglich, wöchentlich oder auch monatlich sein) und versuchen Sie, diese mit Be-

gründung Ihren Mitarbeitern zuzuordnen.

ERGEBNISKONTROLLE

Die Ergebniskontrolle ist weiterhin Teil der Führungsaufgabe. Die Ausprägung der Kontrolle der Arbeitsergebnisse sowie der Projektfortschritte ist jedoch abhängig vom jeweiligen Mitarbeiter. Es gibt Mitarbeiter, die grundsätzlich selbstständiger arbeiten und weniger kontrolliert werden müssen. Mitarbeiter, die hingehen einen relativ niedrigen Reifegrad haben oder erst neu in der Abteilung bzw. im Unternehmen sind, benötigen häufigeres Feedback.

Allerdings macht die ständige Kontrolle wenig Sinn. Dies könnte zur sinkenden Motivation und zur Verunsicherung des Mitarbeiters führen. Führungskräfte sollten dennoch über wichtige Projekte informiert sein, um gegebenenfalls noch eine Gegensteuerung einzuleiten, falls die Aufgabe in eine falsche Richtung bearbeitet wird. Sollte z.B. die Geschäftsführung einen Zwischenbericht abfragen, kann die Führungskraft direkt Auskunft geben und muss sich nicht erst beim Mitarbeiter erkundigen.

Am besten ist, mit den Mitarbeitern klare Absprachen zu treffen, ob die gemeinsamen Teambespre-
chungen ausreichend sind oder ob noch einzelne
Besprechungen mit Mitarbeitern einberufen werden müssen. Manchmal kann es auch sinnvoll sein,
Zwischenziele zu vereinbaren und entsprechende
Besprechungstermine bereits während des Projektes direkt festzulegen. So kann der Mitarbeiter sich
seine Zeit effektiv einteilen.

Eine Möglichkeit wäre schließlich, dass Projekte mittels einer Software dokumentiert werden,
sodass die Führungskraft immer auf dem aktuellen
Stand ist. Das Senden einer wöchentlichen Status-
meldung via E-Mail könnte eine weitere Option
sein.

Aufgabe:
Sie haben einen neuen Mitarbeiter in der Abteilung.
Wie könnten Sie vorgehen, um die Arbeitsergebnis-
se zu kontrollieren (Medium, zeitlicher Rahmen)?

MITARBEITEREINSTELLUNG

Wenn in der Abteilung ein neuer Mitarbeiter benötigt wird, kommen auch hier auf die Führungskräfte
einige Aufgaben und Herausforderungen zu, insbesondere in der Zeit des Fachkräftemangels. Dabei
empfiehlt es sich, sehr eng mit der Personalabteilung zusammenzuarbeiten sowie eine intensive
Abstimmung bereits vor Ausschreibung der Stelle.
Letztendlich ist jede Neueinstellung ein eigenes
Projekt. Dies fängt bereits bei den Anforderungen
an den neuen Mitarbeiter an. So ist im Vorfeld genau zu überlegen, welche Anforderungen der Mitarbeiter haben soll. Dies bedeutet, sich damit auseinanderzusetzen, ob z.B. wirklich ein Studium erforderlich ist oder ob auch eine Ausbildung und
eine entsprechende Weiterbildung ausreicht. Bei
einem breiter aufgestellten Anforderungskatalog
erreicht man, dass sich eine breitere Masse auf die
Stelle bewerben wird. Zudem sollten die Rahmen-
bedingungen bereits im Vorfeld geklärt werden.
Dazu gehören bspw. die wöchentliche Arbeitszeit,
die Befristung oder auch das Gehaltsgefüge.

Die Aufgaben sollten möglichst kurz, prägnant
und für jeden verständlich formuliert werden. Soll-

te die Führungskraft z.B. Ansprechpartner an einer Hochschule oder sonstige Kontakte haben, die zur Stellensuche beitragen können, empfiehlt es sich, diese Informationen an die Personalabteilung weiterzugeben. Diese sind oft dankbar für die Unterstützung bei der Stellenausschreibung, insbesondere wenn es sich um schwerbesetzbare Funktionen mit Spezialwissen handelt.

Bei der Vorauswahl ist es ratsam, dass sich die Führungskraft ebenso die Bewerbungen ansieht, soweit es zeitlich machbar ist, da häufig mit einem anderen Blickwinkel darauf geschaut wird. Idealerweise sollte dann gemeinsam mit der Personalabteilung die Vorauswahl getroffen werden, welche Bewerber zum Bewerbungsgespräch eingeladen werden sollen.

Beim Bewerbungsgespräch ist eine gute Vorbereitung äußerst wichtig, um eine klare Struktur zu schaffen und um den Bewerbern ein Gefühl des Wohlfühlens zu vermitteln. Ist ein Vertreter der Personalabteilung mit anwesend, ist vorab abzustimmen, wer welchen Teil des Gespräches übernimmt. Neben der Vorstellung der Aufgaben sollte die Führungskraft auch einen Einblick in die Abteilung und deren Zusammensetzung geben. In der Zeit des Fachkräftemangels ist es letztendlich sehr bedeutsam, sich in diesen Gesprächen gut zu präsentieren, das heißt, das Bewerbungsgespräch auch als Marketinginstrument zu nutzen.

Ist der Mitarbeiter schließlich eingestellt, ist weiterhin ein gut ausgearbeiteter individuell auf den Mitarbeiter zugeschnittener Einarbeitungsplan von großer Bedeutung. Je nach Qualifikation des neuen Mitarbeiters sind unter Umständen bereits im Vorfeld schon Schulungsmaßnahmen zu organisieren. Eine schöne Geste ist ebenso, ein kleines Willkommensgeschenk am ersten Arbeitstag zu organisieren, z.B. ein Blumenstrauß oder auch Pralinen zusammen mit einer Karte.

Aufgabe:

Ein neuer externer Mitarbeiter wird in Ihrer Abteilung eingestellt. Wie würden Sie den Einarbeitungsplan gestalten? Welches kreative Willkommensgeschenk fällt Ihnen ein?

TRENNUNG VON MITARBEITERN

Neben der Einstellung von Mitarbeitern kann es auch zur Trennung bzw. Kündigung von Mitarbeitern kommen. Um Trennungen erfolgreich zu bewältigen, ist eine faire und professionelle Trennungskultur sowie eine vorausschauende Planung notwendig.

Es kann zum einen sein, dass der Mitarbeiter selbst kündigt, aber auch die Notwendigkeit einer Trennung oder Kündigung von Seiten des Unternehmens kann, z.B. aus wirtschaftlichen Gründen aufgrund von Umsatzrückgang oder Verlagerungen ins Ausland, eintreten. Das Fehlverhalten des Mitarbeiters selbst kann nach mehrmaliger Aussprache von Abmahnungen ein weiterer Grund sein, sich vom Mitarbeiter zu trennen. Im schlimmsten Fall kann schließlich eine fristlose Kündigung in Betracht kommen.

Insbesondere wenn es sich um eine Kündigung von Seiten des Unternehmens handelt, ist ein besonderes Fingerspitzengefühl gefordert. Führungskräfte zeigen bei der Aussprache von Kündigungen nicht selten Unsicherheiten auf bzw. haben Angst vor dem Versagen. Dies hängt häufig mit einer mangelnden Erfahrung und Unwissenheit zusammen, wie Trennungen und Kündigungen wertschätzend abgewickelt werden können.

Das Kündigungsgespräch selbst ist Führungsaufgabe. Dabei ist vorab eine intensive Abstimmung mit der Personalabteilung notwendig. Die Personalabteilung sollte die Führungskraft bestmöglich und umfassend unterstützen und alle notwendigen Informationen vorab der Führungskraft zur Verfügung stellen, z.B. Kündigungsfristen oder Optionen der Freistellung.

Es ist ratsam, zwei Gespräche durchzuführen. Während es im ersten Gespräch um die Übermittlung der Kündigungsbotschaft geht, geht es im zweiten bzw. in den weiteren Gesprächen um die Klärung von Details, das heißt, um die Ausarbeitung des Trennungspaketes. Diese Gespräche kann die Führungskraft dann zusammen mit der Personalabteilung übernehmen, da Personalmitarbeiter fundierteres Fachwissen, z.B. was Freistellung angeht, haben. Der Kündigungsgrund sollte nachvollziehbar, sachlich, aber menschlich mit Respekt und Wertschätzung überbracht werden. Die Trennungsgründe sollten möglichst konkret ausgesprochen und nicht nur angedeutet werden, insbesondere wenn die Gründe in der Leistung des Mitarbeiters liegen. Der Termin ist möglichst zeitnah, jedoch nicht an einem Freitag oder vor einem Feiertag, in einem ruhigen Raum ohne Störungen zu wählen. Ein Zeitrahmen von 15 bis 20 Minuten ist angemessen. Neben dem Kündigungsgrund selbst ist dem Mitarbeiter auch das weitere Vorgehen zu erläutern. Es ist ratsam, auf Small Talk zu verzichten und die Kündigung in den ersten Minuten auszusprechen. Die Führungskraft sollte nach dem Gespräch schließlich dafür sorgen, dass der Mitarbeiter direkt nach Hause geschickt wird und nicht mehr zum Arbeitsplatz zurückgeht.

Im weiteren Verlauf ist ein fairer Umgang mit dem Mitarbeiter notwendig. Der Mitarbeiter sollte mit der Situation nicht alleine gelassen werden, sondern die bestmögliche Unterstützung erhalten und jederzeit Ansprechpartner zur Verfügung haben, insbesondere wenn es um eine betriebsbedingte Kündigung geht.

Schließlich sollte sich die Führungskraft nicht nur auf den Gekündigten beschränken, sondern sich auch mit den Auswirkungen der Bleibenden und deren Umgang auseinandersetzen. Die bleibenden Mitarbeiter sind nicht selten verunsichert und werden häufig übersehen. Es ist empfehlenswert, die bleibenden Mitarbeiter umgehend und umfassend über die Kündigung des Mitarbeiters zu informieren und ihnen die gleiche Aufmerksamkeit wie dem Gekündigten zu zeigen. Bringt die Trennung eines Mitarbeiters oder mehrerer Mitarbeiter gravierende Änderungen in der Abteilung mit sich, ist es empfehlenswert, die Umorganisation in einem Workshop gemeinsam zu erarbeiten.

Kündigt der Mitarbeiter, hat sich das Führen eines Austrittsgespräches bewährt, sofern der Mitarbeiter zustimmt, um etwas mehr über die Kündigungsgründe zu erfahren. So hat die Führungskraft die Möglichkeit, aus Fehlern, z.B. im eigenen Führungsverhalten, zu lernen und kann daraus Verbesserungsmaßnahmen für sich ableiten.

Ein gut strukturierter Trennungsprozess bringt schließlich für das Unternehmen sowie die Abteilung einen Mehrwert an Respekt, Wertschätzung und Fairness. Dies ist auch enorm bedeutsam für das Image des Unternehmens, da Arbeitgeberbewertungen, z.B. auf der Plattform kununu, immer häufiger genutzt werden, um dem Unternehmen zu schaden. Für den Gekündigten bringt dies zudem mehr Selbstwertgefühl. Außerdem bleiben schließlich das Vertrauen und die Glaubwürdigkeit bei den Bleibenden gewahrt.

Aufgabe:
Welche Fragen würden Sie in einem Austrittsgespräch stellen und was würde Sie besonders interessieren?

Entwicklung & Förderung der Mitarbeiter

Ein weiterer wesentlicher Bestandteil der Führungsaufgabe besteht darin, die Mitarbeiter entsprechend ihrer Kompetenzen zu fördern und weiterzuentwickeln, um sie langfristig an das Unternehmen zu binden und die Zufriedenheit der Mitarbeiter aufrechtzuerhalten. Nachfolgend wird auf das Führen von Mitarbeitergesprächen näher eingegangen sowie Aspekte der Mitarbeitermotivation nochmals detaillierter aufgegriffen.

FÜHREN VON MITARBEITERGESPRÄCHEN

Die Durchführung von Mitarbeitergesprächen ist eine weitere Führungsaufgabe. Dabei gibt es eine Vielzahl von Anlässen, Mitarbeitergespräche zu führen. Im Folgenden wird auf das Mitarbeiterjahresgespräch, oder auch Mitarbeiterentwicklungsgespräch genannt, eingegangen. In der Regel gibt es für solche Gespräche von der Personalabteilung eine standardisierte Vorlage. Es empfiehlt sich, ein solches Gespräche einmal im Jahr durchzuführen.

Das Gespräch dient in erster Linie der Förderung und Weiterentwicklung des Mitarbeiters, das heißt, am Ende des Gespräches sollten verschiedene Entwicklungsmaßnahmen vereinbart werden. Dies können Schulungen sein, aber auch die Übernahme von neuen Aufgaben oder Verantwortungsbereichen.

Zuerst sollte über das derzeitige Aufgabengebiet und die bisherige Zusammenarbeit gesprochen werden sowie über das Resultat der in der Vergangenheit vereinbarten Entwicklungsmaßnahmen, bevor zukünftige Aufgaben und weitere Entwicklungsschritte besprochen und vereinbart werden. Ebenso sollte ein Teil des Gespräches sein, dem Mitarbeiter die Möglichkeit einzuräumen, Rückmeldung zur Zusammenarbeit und zum Aufgabengebiet zu geben und Wünsche zu äußern.

Damit diese Gespräche erfolgreich ablaufen, sind einige Aspekte zu beachten. Besonders wichtig ist, dass genügend Zeit für das Gespräch eingeplant wird und dass das Gespräch in einem angenehmen und ungestörten Rahmen stattfindet. Der Mitarbeiter sollte zudem genug Vorlauf bekommen, um sich auf das Gespräch vorzubereiten. Auch eine gute Vorbereitung der Führungskraft ist wichtig, das heißt, vorab festzuhalten, was im vergangenen Jahr an Entwicklungsmaßnahmen vereinbart worden sind und welche davon erreicht worden sind.

Ebenso sollten die bereits vorgestellten Kommunikationstechniken beachtet werden. Aktives Zuhören ist dabei von besonderer Bedeutung, denn in diesem Gespräch geht es um den Mitarbeiter sowie die Möglichkeit, seine Anliegen und Wünsche in das Gespräch miteinzubringen.

Die Ergebnisse des Gespräches sollten schließlich dokumentiert und idealerweise von beiden Parteien unterschrieben werden, um eine gewisse Verbindlichkeit zu schaffen.

Aufgabe:

Welcher Zeitraum würde sich für Sie als optimal anbieten, Mitarbeiterjahresgespräche mit Ihren Mitarbeitern durchzuführen und welche Informationen würden Sie Ihren Mitarbeitern vorab zur Verfügung stellen?

FÜHREN VON ZIELVEREINBARUNGSGESPRÄCHEN

Während es beim Mitarbeiterjahresgespräch eher generell um die Weiterentwicklung des Mitarbeiters und die Zusammenarbeit geht, werden beim Zielvereinbarungsgespräch konkrete Ziele vereinbart, deren Erreichung in der Regel mit einem Incentive bzw. einer Bonuszahlung verbunden sind. Die Führungskraft kann die Ziele nach der weit verbreitenden Methode des SMART-Prinzips gemeinsam mit dem Mitarbeiter idealerweise am Jahresende festlegen. Mit dieser Methode kann eine strukturierte Vorgehensweise sichergestellt werden und es ist wahrscheinlicher, dass die Ziele von den Mitarbeitern auch erreicht werden können.

S = spezifisch

Ziele sollten zum einem möglichst genau und konkret definiert werden, damit der Mitarbeiter auch etwas damit anfangen kann. Unklare und missverständliche Formulierungen sollten vermieden werden.

M = messbar

Des Weiteren sollten die Ziele möglichst messbar sein und eine objektive Beurteilung zulassen. Idealerweise beinhalten die Ziele konkrete Zahlen, z.B. Umsatzsteigerung von 10 %, Gewinnung von 15 Neukunden im ersten Halbjahr.

A = akzeptiert

Damit der Mitarbeiter die vereinbarten Ziele auch akzeptiert und motiviert ist, diese umzusetzen, empfiehlt es sich, den Mitarbeiter in die Vereinbarung von Zielen mit einzubinden. Die Führungskraft sollte mit dem Mitarbeiter auch Möglichkeiten besprechen, wie diese Ziele erreicht werden können und gegebenenfalls entsprechende Hilfestellungen leisten.

R = realistisch
Weiterhin sind die Ziele herausfordernd, aber machbar zu formulieren. Sind die Ziele unrealistisch und nicht zu erreichen, ist die Gefahr groß, dass eine Demotivation bei den Mitarbeitern eintritt.

T = terminiert
Schließlich sollten die Ziele einen konkreten Zeitpunkt enthalten, bis wann diese zu erfüllen sein sollen, z.B. im ersten Quartal, immer am Monatsende oder bis zum Jahresende.

Sollte die Bonuszahlung niedriger ausfallen, ist das Überbringen einer solchen negativen Nachricht für die Führungskraft nicht immer ganz einfach. Hier ist eine offene Kommunikation notwendig, damit der Mitarbeiter nicht zu sehr demotiviert ist. Die Thematik sollte sofort mit den betroffenen Mitarbeitern besprochen werden. Sollte z.B. ein Anteil an Zielen, die am Unternehmenserfolg gekoppelt sind, niedriger ausfallen, können durch das sofortige Ansprechen Spekulationen vorgebeugt werden und der Mitarbeiter kann sich besser darauf einstellen. Die Gründe sind möglichst konkret und transparent mit allen notwendigen Informationen zu erläutern, damit der Mitarbeiter zumindest Verständnis zeigen kann. Sollte der Mitarbeiter nicht direkt etwas für die niedrigere Bonuszahlung können, z.B. aufgrund eines wirtschaftlichen Abschwungs, kann sich die Führungskraft auf eine andere Art und Weise bei den Mitarbeitern bedanken, z.B. indem die betroffenen Mitarbeiter zu einem gemeinsamen Abendessen eingeladen werden.

Aufgabe:
Suchen Sie sich zwei Ziele für Ihre Mitarbeiter heraus und versuchen Sie, dieses nach der SMART-Methode zu formulieren.

MITARBEITERMOTIVATION

Motivierte Mitarbeiter im Team zu haben ist von enormer Bedeutung. Sind Mitarbeiter motiviert, tragen Sie sowohl positiv zum Arbeitsklima in der

Abteilung als auch zum Unternehmenserfolg bei. Führungskräfte haben dabei verschiedene Instrumente zur Verfügung, um die Mitarbeitermotivation positiv zu beeinflussen. Besonders wichtig dabei ist, sich bewusst zu machen, dass jeder Mitarbeiter andere Motivatoren besitzt. Für den einen Mitarbeiter sind es eher monetäre Aspekte, für den anderen Mitarbeiter sind hingegen regelmäßige Weiterbildungen wertvoller. Je besser man die Mitarbeiter seiner Abteilung kennt, desto leichter ist es, auf die jeweiligen Mitarbeiter individuell einzugehen und sie zu motivieren. Hier kommt insbesondere das Führen von Mitarbeitergesprächen sowie ein regelmäßiger Austausch einer großen Bedeutung zu.

Sind dem Mitarbeiter Geldleistungen besonders wichtig, kann neben einer jährlichen Gehaltserhöhung auch für ein erfolgreiches Projekt eine Bonuszahlung erfolgen. Sollte es eine individuelle Leistungszulage geben, sind auch kleine Schritte nach oben motivierend und zeigen dem Mitarbeiter, dass er für das Unternehmen wichtig ist.

Ein Motivationsfaktor, der nichts kostet, ist ein wertschätzendes Verhalten. Hat der Mitarbeiter eine Aufgabe gut gelöst, kann dem Mitarbeiter gerne mal ein Lob ausgesprochen werden. Allerdings sollte man nicht bei jeder gut gelösten Aufgabe und zu oft loben, da ansonsten irgendwann die Wirkung abflacht. Ist z.B. ein Projekt gut gelaufen, kann es auch mal sinnvoll sein, eine Dankes-E-Mail zu schreiben und wichtige Verantwortliche in Kopie beizufügen.

Für erfolgreich abgeschlossene Aufgaben und Projekte können aber auch individuelle Anerkennungen eingesetzt werden, entweder für den einzelnen Mitarbeiter oder als gemeinsames Erfolgserlebnis für das ganze Team. Dies kann ein gemeinsames Abendessen oder der Besuch eines Fußballspiels mit der ganzen Abteilung sein. Auch ein Wellnesswochenende mit dem Partner wäre eine Möglichkeit. Zudem könnte eine Weiterbildung nach Wahl des Mitarbeiters, die nicht unbedingt etwas mit der Aufgabe zu tun hat, als Belohnung infrage kommen.

Ein weiterer Aspekt, der zur Mitarbeitermotivation beiträgt, wie bereits in den vorangegangenen Kapiteln immer wieder erläutert, ist die Schaffung einer Vertrauensbasis bzw. das grundsätzliche Interesse zeigen am Mitarbeiter. Ist einmal das Vertrauen zum Mitarbeiter aufgebaut, ist es für die Mitarbeiter einfacher, auch mal mit privaten Problemen zur Führungskraft zu kommen, sodass dann z.b. Arbeitszeit befristet angepasst werden kann. Kleine Aufmerksamkeiten, wie z.b. ein Blumenstrauß am Geburtstag oder ein Nikolaus für jeden Mitarbeiter auf dem Schreibtisch am Nikolaustag, sind weitere Ideen.

Fühlt sich der Mitarbeiter von der Führungskraft über aktuelle Informationen im Unternehmen aufgeklärt, kann dies zudem motivierend wirken. Dies kann in Form von Weiterleiten relevanter Informationen sein oder auch ein zusammenfassender Bericht zu den aktuellen Themen in einer wöchentlichen Besprechungsrunde.

Insgesamt kann gesagt werden, dass die Führungskraft sehr viel im Arbeitsalltag selbst tun kann, damit sich der Mitarbeiter im Unternehmen wohlfühlt und Spaß an der Arbeit hat. Das Schaffen von Freiräumen für Mitarbeiter, das heißt, dem Mitarbeiter z.B. auch mal Home-Office ermöglichen, damit er in Ruhe an einem Projekt arbeiten kann, aber auch das Übertragen von Verantwortungen und herausfordernden Aufgaben, regelmäßige

Feedback-Runden und das Anbieten von Weiterbildungsmaßnahmen können die Motivation und Zufriedenheit des Mitarbeiters positiv beeinflussen. Die Neu- oder Umgestaltung der Arbeitsplatzumgebung, z.B. die Neuanschaffung von höhenverstellbaren Schreibtischen, neuer Bürostühle oder das Anschaffen von Pflanzen, kann für die Abteilung ein weiterer Motivationsfaktor sein.

Abschließend kann gesagt werden, dass die Motivation der Mitarbeiter sehr individuell zu sehen ist und durch die Führungskraft regelmäßig in Form von Gesprächen nachgehalten und überdacht werden sollte. Es ist nicht unbedingt immer viel Geld für die Mitarbeitermotivation erforderlich, oft sind es nur kleine Gesten und Belohnungen, die den Mitarbeiter zufrieden machen.

Aufgabe:

Sie haben in diesem Kapitel gelernt, welche Gesichtspunkte Mitarbeiter motivieren können.

Schreiben Sie nun für sich auf, welche Verhaltensweisen für Ihre Mitarbeiter eher demotivierend wären. Versetzen Sie sich dabei in die Lage der Mitarbeiter und überlegen Sie, was Sie sich von Ihnen als Führungskraft nicht wünschen würden. Dies kann z.B. das Vergessen eines Geburtstages sein.

Fallstudie

Um die dargestellten Themen abschließend zu vertiefen, können Sie die Inhalte in einer Fallstudie direkt nochmals anwenden. Sie sind für eine neu aufgebaute Vertriebsabteilung mit fünf Mitarbeitern, die bisher noch nicht zusammengearbeitet haben, als Führungskraft ernannt worden. Drei Mitarbeiter arbeiten im Vertriebsinnendienst und zwei weitere Mitarbeiter sind im Außendienst tätig und arbeiten im Home-Office. Dies ist Ihre erste Führungsaufgabe. Folgendes kann zu den Mitarbeitern gesagt werden:

Mitarbeiterin 1:

20 Jahre alt, weiblich, ausgelernte Auszubildende zur Industriekauffrau, Sachbearbeiterin im Vertriebsinnendienst, sehr ruhige, ausgelassene und lernwillige Mitarbeiterin

Mitarbeiterin 2:

50 Jahre alt, weiblich, sehr langjährige Vertriebserfahrung, Key Account Managerin, äußerst selbstbewusste Mitarbeiterin, die ihre Meinung gerne durchsetzt und sich auch immer wieder mal bei Besprechungen im Ton vergreift, mag Herausforderungen

Mitarbeiter 3:

35 Jahre alt, männlich, hat vom Einkauf in den Vertrieb gewechselt, Key Account Manager,

hat zwei Kinder und ist häufig krank, ist arbeitsmäßig von Zeit zu Zeit überlastet sowie ein sehr ängstlicher und verunsicherter Mitarbeiter

Mitarbeiter 4:

40 Jahre alt, männlich, arbeitet im Außendienst, sehr dominant, aber äußerst teamfähig, bringt viele Ideen in die Abteilung ein und ist jederzeit bereit, seine Hilfe und Unterstützung anzubieten

Mitarbeiter 5:

55 Jahre alt, männlich, Außendienstmitarbeiter, ist anfällig für Konflikte, da er häufig keine Informationen zu seinen Arbeitsergebnissen an die Führungskraft weiterleitet, monetäre Anreize sind ihm besonders wichtig

Versuchen Sie nun, folgende Fragestellung aufgrund der vorliegenden Informationen zu beantworten:

- Welche Maßnahmen können Sie ergreifen, um das neu entstandene Team erfolgreich aufzubauen? Welche Ideen haben Sie, um die Zusammenarbeit sowie die Pflege von zwischenmenschlichen Beziehungen im weiteren Verlauf zu gestalten?
- Was ist bei der Führung jedes einzelnen Mitarbeiters besonders zu beachten?
- Wie können Sie Besprechungen sinnvoll organisieren (zeitlich, Einsatz von Kommunikationsmedien), unter Beachtung der beiden Außendienstmitarbeiter?
- Was könnten mögliche Entwicklungsschritte bei den jeweiligen Mitarbeitern in den Mitarbeiterjahresgesprächen sein?

• Wie könnten Sie mögliche jährliche Ziele für die beiden Außendienstmitarbeiter formulieren?

• Welche Motivatoren können für die jeweiligen Mitarbeiter wirksam sein?

Zusammenfassung

Abschließend kann festgehalten werden, dass die Aufgaben einer Führungskraft äußerst umfassend und vielseitig sind, die nicht von heute auf morgen sofort beherrscht werden können. Es kommen dabei viele Herausforderungen auf eine Führungskraft zu, egal ob man neu als Führungskraft ist oder schon länger in einer Führungsfunktion beschäftigt ist. Dies fängt beim Umgang mit schwierigen Mitarbeitern an bis hin zum Überbringen von schlechten Nachrichten.

Es kann nicht oft genug wiederholt werden, dass die Kommunikation mit den Mitarbeitern der

Schlüssel zum Erfolg ist. Je früher Probleme und Sorgen aufgedeckt werden, desto einfacher ist es, entsprechende Unterstützung anzubieten und Lösungsmöglichkeiten zu suchen. Die Mitarbeiter werden der Führungskraft dankbar dafür sein. Eine intensive Zusammenarbeit mit der Personalabteilung ist unbedingt empfehlenswert. Führungskräfte benötigen mehr Unterstützung in ihrer Führungsarbeit, wenn nötig neben der Personalabteilung auch von externen Dienstleistern.

Es wird einige Zeit und Erfahrungen benötigen, bis man in seine Führungsaufgaben hineingewachsen ist. Es kann aber festgehalten werden, dass Führungsverantwortung erlernbar ist, sofern gewisse Sozialkompetenzen vorhanden sind. Es empfiehlt sich auf jeden Fall, eine Führungskräfteschulung zu besuchen, um eine erste Hilfestellung zu erhalten. Führungskräfte müssen sich zudem mehr und mehr auf die wachsenden und steigenden Anforderungen an eine Führungskraft einstellen und Bereitschaft zeigen sowie Zeit investieren, sich stetig weiterzuentwickeln und regelmäßig Weiterbildungen zu besuchen.

Schließlich kann aber zusammenfassend gesagt

werden, dass man mit seinen Erfahrungen wächst und so nach und nach mehr Erfolgserlebnisse und positives Feedback von seinen Mitarbeitern ernten kann.

Herstellung und Verlag:

BoD – Books on Demand, Norderstedt

ISBN: 9783750462175

© Matthias Leonhardt 2020

1. Auflage

Kontakt: Psiana eCom UG/ Berumer Str. 44/ 26844 Jemgum

Covergestaltung: Fenna Larsson

Coverfoto: depositphotos.com